2 おもしろい日本の昔話

简单易读 趣味性强
有助提高日语**阅读**与**听解**能力

日本民间趣味故事

编著 [韩] 曹熙哲
[日] 堀野祐子
翻译 王俊
插图 [日] 崎山结理

上海外语教育出版社
外教社 SHANGHAI FOREIGN LANGUAGE EDUCATION PRESS

图书在版编目(CIP)数据

日本民间趣味故事. 2/(韩)曹熙哲,(日)堀野祐子编著;王俊译.
—上海:上海外语教育出版社,2012
ISBN 978-7-5446-2580-7

Ⅰ.①日… Ⅱ.①曹…②堀…③王… Ⅲ.①日语-汉语-对照读物
②民间故事-作品集-日本 Ⅳ.①H369.4:Ⅰ

中国版本图书馆 CIP 数据核字 (2011) 第 254873 号

图字:09-2011-446 号

出版发行:上海外语教育出版社
(上海外国语大学内) 邮编:200083
电　　话:021-65425300(总机)
电子邮箱:bookinfo@sflep.com.cn
网　　址:http://www.sflep.com.cn　http://www.sflep.com
责任编辑:张　丽

印　　刷:上海新艺印刷有限公司
开　　本:890×1280　1/32　印张 4.125　字数 82 千字
版　　次:2012 年 4 月第 1 版　2012 年 4 月第 1 次印刷
印　　数:3 000 册

书　　号:ISBN 978-7-5446-2580-7 / I・0201
定　　价:24.00 元
本版图书如有印装质量问题,可向本社调换

目录

うらしまたろう
浦島太郎　浦岛太郎

内容简介

很久很久以前，渔夫浦岛太郎看到孩子们在海边欺负一只海龟，便帮助了海龟。几天以后海龟为了报恩又出现了，并把浦岛太郎带到了龙宫。浦岛太郎在龙宫一过就是3年，后来他带着公主送的珠宝盒返回了村子。不过村子变化太大了。不知所措的浦岛太郎打开了珠宝盒，一阵烟雾从中冒出，浦岛太郎顷刻间就变成了白发苍苍的老爷爷。

1 心やさしい青年

01

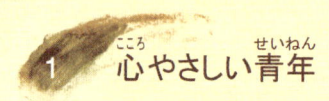

むかしむかし、ある村に、浦島太郎という心やさしい漁師が住んでいました。浦島太郎は、年老いたお母さんと二人で暮らしていました。

ある日の仕事の帰り道、浦島太郎は海辺で騒いでいる子供たちを見かけました。

何をしているのかと思い、近くに行くと、子供たちが亀をいじめていました。

单词与句型

- **やさしい** 温和的，简单的
- **青年** 青年
- **漁師** 渔夫
- **住む** 居住
- **年老いる** 年老的
- **暮らす** 生活
- **仕事** 工作，干活
- **帰り道** 归途，回来（去）的路
- **海辺** 海边
- **騒ぐ** 热闹，吵闹
- **見かける** 发现，看到
- **近く** 附近
- **亀** 龟，海龟
- **いじめる** 欺负，虐待

1 心地善良的青年

很久很久以前，在一个村子里，住着一个名叫浦岛太郎的心地善良的渔夫。浦岛太郎和他年老的母亲两人一起生活。

有一天，在干完活儿回家的路上，浦岛太郎看到一群孩子在海边吵吵嚷嚷。

浦岛太郎心想，他们在干什么呢？走近一看，原来孩子们正在欺负一只海龟。

浦島太郎は、子供たちに言いました。

「弱い者いじめをしてはいけないよ。この魚をあげるから、亀を逃がしてあげなさい」

浦島太郎は、その亀を海に逃がしてやりました。亀は何度もお礼を言うと、海に帰っていきました。

单词与句型

- 弱い者いじめ 欺负弱者，以大欺小
- 魚 鱼
- あげる 送给
- 逃がす 放走
- 何度も 一次又一次
- お礼を言う 表示谢意（「お礼をする」表示道谢）

浦岛太郎对孩子们说：

“你们可不能以大欺小哦。我把这条鱼送给你们，请你们把海龟放了吧。”

浦岛太郎把这只海龟放进了大海。海龟说了好几声谢谢，回到了大海里。

2 竜宮城で

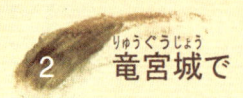

数日後、浦島太郎が海で魚をとっていると、大きな亀が近づいてきました。

なんとその亀は、この間、助けた亀だったのです。

「この間は助けてくれて、ありがとうございました。お礼に竜宮城にお連れしますので、私の背中にお乗りください」

浦島太郎は亀の甲羅に乗って、海の底へ潜って行きました。

单词与句型

- **竜宮城** 龙宫
- **数日後** 几天之后
- **魚をとる** 捕鱼
- **近づく** 靠近
- **なんと** 竟然，居然
- **この間** 前不久，上次
- **助ける** 帮助
- **お連れする** 随同，陪伴
- **背中** 背部，背上
- **甲羅** 壳
- **底** 底，底部
- **潜る** 下潜

2　在龙宫

几天后，浦岛太郎在海边捕鱼的时候，一只大海龟游了过来。

这只海龟居然就是他上次救了的那只海龟。

“谢谢您上次帮助了我。为了表示感谢，我将带您去龙宫。请坐到我的背上来吧。”

浦岛太郎坐到海龟的甲壳上，向海底潜去。

海の底に着いた浦島太郎が見たものは、珊瑚に囲まれ、魚が泳ぐ、とても美しい竜宮城でした。

すると竜宮城の中からとても美しい乙姫様が出てきました。

「浦島さん、どうかゆっくりして行ってください」

乙姫様は、大変なごちそうで浦島太郎をもてなしました。浦島太郎は、おいしいごちそうに大喜びです。

食事の後は、海の生き物たちが、歌ったり、踊ったりして、浦島太郎をもてなしました。

单词与句型

- 着く(つく) 到达
- 珊瑚(さんご) 珊瑚
- 囲まれる(かこまれる) 被……包围
- 泳ぐ(およぐ) 游泳
- 乙姫様(おとひめさま) 公主
- どうか 请
- ゆっくり 缓缓地
- 大変だ(たいへんだ) 极其，非常
- ごちそう 美味佳肴
- もてなす 招待
- おいしい 美味的
- 大喜び(おおよろこび) 大喜，非常高兴
- 生き物(いきもの) 生物
- 踊る(おどる) 跳舞

到了海底，浦岛太郎看到的是珊瑚环绕、鱼儿游动的美丽的龙宫。

接着，一位漂亮的公主从龙宫中走了出来。

“浦岛先生，请您多住几日再走。”

公主用丰盛的佳肴款待了浦岛太郎。浦岛太郎面对美味的菜肴，感到愉快极了。

吃完饭之后，海里的生物们唱歌跳舞，热情招待浦岛太郎。

竜宮城での生活はとても楽しく、浦島太郎は時間が経つのも忘れていました。夢のような日々が３年経ちました。

ある日、乙姫様は今まで行ったことのない部屋に浦島太郎を連れて行きました。その部屋の窓からは陸の世界が見えました。

浦島太郎は、自分のふるさとの景色を見て、お母さんに会いたくなりました。

单词与句型

- **楽しい** 高兴的
- **時間が経つ** 时间流逝
- **忘れる** 忘记
- **夢** 梦
- **～のような** 像……一样
- **日々** 每天，天天
- **～たことがない** 从未……
- **部屋** 房间
- **窓** 窗
- **陸** 陆地
- **世界** 世界
- **ふるさと** 故乡，家乡
- **景色** 景色

龙宫的生活非常惬意，浦岛太郎都忘记了时间的流逝。像梦一样的一天又一天过去了，就这样过了三年。

一天，公主带着浦岛太郎来到了一间以前从未来过的房间。从房间的窗口可以看见陆地上的世界。

浦岛太郎看着自己家乡的景色，忽然想要去见自己的妈妈。

そして、浦島太郎は家に帰ることにしました。

浦島太郎が帰ると言うと、乙姫様は、三重の玉手箱をくれました。

「困ったことがあった時、この玉手箱を開けてください。でもそれ以外では絶対に開けないでください」

单词与句型

- ～ことにする 决定……
- 三重（さんじゅう） 三层
- 玉手箱（たまてばこ） 玉匣，珠宝盒
- 困る（こまる） 为难，困难
- 開ける（あける） 打开
- でも 不过
- 以外（いがい） 以外，之外
- 絶対に（ぜったいに） 绝对，千万

于是，浦岛太郎决定回家。

浦岛太郎一提出要回家，公主就给了他一个三层的珠宝盒。

“当你有什么困难的时候，请打开这个珠宝盒。不过除此之外请千万不要打开。”

3 3年後のふるさと

浦島太郎は陸に着き、家に帰ろうとしましたが、村の様子が変わっていました。村の人たちは、知らない人たちでした。

家がある場所に行ってみると、影も形もありませんでした。村の人に聞いてみても、誰も浦島太郎の家を知っている人はいませんでした。

单词与句型

- **着く** 到达
- **~(よ)うとする** 想要……
- **様子** 样子
- **変わる** 变化，改变
- **場所** 场所，地点
- **影も形もない** 无影无踪

3　三年后的家乡

浦岛太郎到了陆地上，想要回到自己的家，但是村里的样子完全改变了。村里的人他也都不认识。

找到自己家所在的地点，房子已经无影无踪了。问村里的人，也没有一个人知道浦岛太郎的家在哪里。

最後に村の長老に聞いてみました。

「浦島太郎という人は、海に行ったまま戻らなくなった若者の話だけれど、それは300年も前の話だよ」

その話を聞いた浦島太郎は、竜宮城で過ごした3年間が300年だったと分かりました。

浦島太郎は、死んだお母さんの墓を探してみると自分の墓も見つかりました。浦島太郎はもうお母さんに会えないと思って、とても悲しくなりました。

单词与句型

- 長老（ちょうろう） 长老，元老，老前辈
- ～たまま 保持……的状态
- 戻る（もどる） 回来
- 若者（わかもの） 年轻人
- 過ごす（すごす） 度过
- 分かる（わかる） 明白
- 死ぬ（しぬ） 死
- 墓（はか） 坟墓
- 探す（さがす） 寻找
- 見つかる（みつかる） 找到
- 悲しい（かなしい） 悲伤的

最后，他试着向村里的老前辈打听。

“浦岛太郎这个人，好像是传说中去了龙宫之后再也没有回来的一个年轻人。那已经是三百年前的事了。”

听了这话，浦岛太郎才知道，原来自己在龙宫度过了三年，世上竟已经过了三百年。

浦岛太郎去寻找死去的母亲的坟墓，结果连自己的坟墓也找到了。想到再也不能见到母亲了，浦岛太郎感到非常悲伤。

それで、困った浦島太郎は乙姫様の言葉を思い出して、もらった玉手箱のふたを開けました。

すると、モクモクモク…。

中から真っ白な煙が出てきて、浦島太郎は、あっという間に髪の毛もひげも真っ白な、ヨボヨボのおじいさんになってしまいました。

单词与句型

- **それで** 于是
- **言葉** 言语
- **思い出す** 想起，回忆起
- **もらう** 得到
- **ふた** 盖子
- **すると** 结果
- **モクモク** 滚滚
- **真っ白だ** 纯白的
- **煙** 烟
- **出てくる** 出现
- **あっという間に** 一霎时
- **髪の毛** 头发
- **ひげ** 胡须
- **ヨボヨボ** 摇摇晃晃，蹒跚

这时，无奈的浦岛太郎想起了公主的话，就打开了从公主那里得到的珠宝盒。

结果，浓烟滚滚……

一阵白色的烟雾从中冒出来，一霎时浦岛太郎变成了一位须发皓然、步履蹒跚的老爷爷。

练习

阅读故事回答下列问题。

1）孩子们在海边做什么？

2）浦岛太郎对海龟做了什么？

3）海龟是如何报答的？

4）龙宫是个怎样的地方？

5）浦岛太郎打开珠宝盒后变成什么样了？

答案

1）孩子们正在欺负一只海龟。

2）渔夫把鱼给了孩子们，然后把海龟放回了大海。

3）海龟把浦岛太郎带到了龙宫。

4）龙宫里珊瑚环绕，鱼儿游来游去，是个美丽的地方。

5）浦岛太郎突然变成了一个老爷爷。

人の嫁になったネコ 猫媳妇

内容简介

很久很久以前，一个心地善良的农夫家里来了一只被富人家赶出来的猫。农夫很细心地照料这只猫，猫也会帮农夫干活。猫想多帮帮农夫，于是跑到神社里祈祷变成人身，结果就变成了一个漂亮的新娘子。猫新娘回到家后便和农夫结了婚，幸福地生活在一起。

1 追（お）い出（だ）されたネコ

むかしむかし、あるところに、一人（ひとり）のお百姓（ひゃくしょう）さんがいました。

毎日（まいにち）、田畑（たはた）へ出（で）て一生懸命（いっしょうけんめい）働（はたら）きますが、少（すこ）しも暮（く）らしが楽（らく）になりません。そのため、お嫁（よめ）さんさえ、もらうことができませんでした。

お百姓（ひゃくしょう）さんの隣（となり）に住（す）んでいるのは村一番（むらいちばん）の長者（ちょうじゃ）で、蔵（くら）には米俵（こめだわら）が山（やま）のように積（つ）んでありました。しかしとてもケチで、家（いえ）で飼（か）っていたネコにさえ、

「近（ちか）ごろ、ご飯（はん）を食（た）べすぎる」と言（い）って、家（いえ）から放（ほう）り出（だ）してしまいました。

单词与句型

- 追（お）い出（だ）される　被赶出来
- 百姓（ひゃくしょう）　农民，庄稼人
- 田畑（たはた）　田地
- 一生懸命（いっしょうけんめい）　拼命
- 働（はたら）く　工作
- 暮（く）らし　生活
- 楽（らく）になる　轻松起来
- そのため　因此
- お嫁（よめ）さん　媳妇儿
- もらう　得到，娶
- 村一番（むらいちばん）　村里最……的
- 長者（ちょうじゃ）　有钱人，富翁
- 蔵（くら）　仓库
- 米俵（こめだわら）　米袋
- 山（やま）のようだ　如山
- 積（つ）む　堆积
- ケチ　吝啬，小气
- 飼（か）う　饲养
- ～にさえ　就连……
- 近（ちか）ごろ　最近
- 食（た）べすぎる　吃得太多
- 放（ほう）り出（だ）す　赶出去

很久很久以前，在某个地方有一位农夫。

他每天都去地里拼命劳作，但是生活却一点儿也没有起色。为此，就连媳妇儿都娶不起。

住在农夫家隔壁的是村里最富有的人，仓库里米袋堆积如山。但是他非常小气，就连对家里养的猫也是一样。

他对猫说："你最近吃得太多了！"说着就把猫从家中赶出去了。

夜中に家の外でネコの鳴き声がするのでお百姓さんが戸を開けてみると、長者の家のネコが、寒そうに震えていました。

「どうした？ こんなところにいると、凍えて死んでしまうぞ」

お百姓さんはネコを抱えて家に入れると、汚れた体をふいてやり、自分の布団の中へ入れてやりました。

次の日、長者の家へネコを届けに行くと、

「そのネコは、もう私の家のネコではない」と言うので、お百姓さんは自分で飼うことにしました。

单词与句型

- **夜中** 半夜
- **鳴き声がする** 听到叫声
- **戸** 门
- **寒そうに** 看上去很冷的样子
- **震える** 发抖
- **凍える** 冻僵
- **抱える** 抱住
- **汚れる** 弄脏
- **ふく** 擦拭
- **布団** 棉被
- **届ける** 送到
- **自分** 自己

夜里，农夫听到门外的猫叫声，打开门一看，只见富人家的猫正在瑟瑟发抖，看上去承受不了外面的严寒。

“怎么回事？你待在这种地方，会冻死的。”

农夫把这只猫抱回自己家，把它脏污的身体擦干净，并让它睡在自己的被窝里。

第二天，农夫把猫送到富人家。

富人说：“这只猫已经不是我们家的猫了。”于是，农夫决定自己饲养这只猫。

2 仲(なか)のよいお百姓(ひゃくしょう)さんとネコ

お百姓(ひゃくしょう)さんは、何(なん)でもネコと分(わ)け合(あ)って食(た)べ、まるで自分(じぶん)の子供(こども)のようにかわいがりました。

ある晩(ばん)、お百姓(ひゃくしょう)さんはネコを膝(ひざ)に乗(の)せながら独(ひと)り言(ごと)を言(い)いました。

「もしお前(まえ)が人間(にんげん)だったらなぁ。わしが畑(はたけ)へ出(で)ている間(あいだ)に、家(いえ)で麦(むぎ)の粉(こな)をひいてくれたら、少(すこ)しは暮(く)らしが楽(らく)になるのに…」

单词与句型

- 仲(なか) 关系
- 何(なん)でも 无论什么
- 分(わ)け合(あ)う 分享
- まるで 简直，犹如
- ～のように 像……一样
- かわいがる 宠爱
- 晩(ばん) 晚上
- 膝(ひざ) 膝盖
- 乗(の)せる 放在……上
- 独(ひと)り言(ごと)を言(い)う 自言自语
- もし 如果
- お前(まえ) 你
- 人間(にんげん) 人
- わし 我（老人语）
- 畑(はたけ) 田地
- 間(あいだ) 之间，期间
- 麦(むぎ)の粉(こな) 面粉
- ひく 磨

农夫无论吃什么都跟猫一起分享，就像是宠爱自己的孩子一样宠爱它。

一天晚上，农夫把猫放在自己的膝盖上，一边自言自语地说着话。

“你如果是个人就好了。当我去地里干活儿的时候，你在家里帮我磨磨面粉，日子也能过得稍微轻松一点儿……”

すると、ネコはうれしそうに、「ニャアー」と鳴きました。

「おや、お前、わしの言葉がわかるのか？ いや、そんなはずはない」

お百姓さんは、いつものように、ネコを懐に抱いて寝ました。

ところが次の日の夕方、お百姓さんが畑から戻ってくると、明かりもないのに、家の中からゴロゴロと石臼をひく音が聞こえてきました。

单词与句型

- **すると** 于是，结果
- **ニャアー** 喵
- **鳴く**（动物）叫
- **おや** 咦
- **～はずはない** 不可能……
- **いつものように** 跟平时一样
- **懐** 怀里
- **抱く** 拥抱
- **ところが** 不过，可是
- **夕方** 傍晚
- **戻る** 回来
- **明かり** 灯光
- **ゴロゴロ** 骨碌骨碌
- **石臼をひく** 推石磨
- **音** 声音
- **聞こえてくる** 声音传来

于是，猫似乎显出很高兴的样子，喵地叫了一声。

“咦，难道你听得懂我说什么？不，这怎么可能呢？”

农夫跟平时一样，把猫抱在怀里睡着了。

可是，第二天傍晚，农夫从地里回来时，只见家里没有一丝灯光，却传来了一阵骨碌骨碌的推石磨的声音。

不思議(ふしぎ)に思(おも)って中(なか)をのぞいてみると、なんと、ネコが石臼(いしうす)で麦(むぎ)をひいているではありませんか。

「お前(まえ)、本当(ほんとう)にわしの言(い)うことが分(わ)かるのか。いや、ありがとう」

お百姓(ひゃくしょう)さんは喜(よろこ)んで、その粉(こな)で団子(だんご)を作(つく)り、ネコと一緒(いっしょ)に食(た)べました。

それからというもの、お百姓(ひゃくしょう)さんのいない時(とき)は、いつもネコが石臼(いしうす)をひいてくれるので、お百姓(ひゃくしょう)さんはとても助(たす)かりました。

单词与句型

- **不思議(ふしぎ)だ** 不可思议，莫名其妙
- **のぞく** 看，窥探
- **なんと** 竟然，居然
- **本当(ほんとう)に** 真的
- **喜(よろこ)ぶ** 高兴，开心
- **粉(こな)** 粉，粉末
- **団子(だんご)** 丸子
- **作(つく)る** 制作，做成
- **～と一緒(いっしょ)に** 和……一起
- **それからというもの** 从那以后
- **助(たす)かる** 省事

农夫莫名其妙，朝屋里一看，那只猫竟然用石磨在磨麦子。

“你真的听得懂我在说什么？啊呀，真是太谢谢了。”

农夫高高兴兴地用磨成的粉做成丸子，和猫一起吃。

从那以后，当农夫不在家的时候，那只猫总是帮他推石磨，农夫省事多了。

3 ネコ、人間(にんげん)になる

ある晩(ばん)、お百姓(ひゃくしょう)さんがいろりに当(あ)たっていると、そばにいたネコが突然(とつぜん)口(くち)を利(き)きました。

「おかげさまで、とても幸(しあわ)せな毎日(まいにち)が送(おく)れています。でも、このままでは石臼(いしうす)しかひくことができません。この上(うえ)は人間(にんげん)になって、あなたのために、もっと尽(つ)くしたいと思(おも)います」

单词与句型

- **いろり** 被炉，地炉（地板上用来烤火的方坑）
- **当(あ)たる** 烘，烤
- **そば** 旁边
- **突然(とつぜん)** 突然
- **口(くち)を利(き)く** 开口，说话
- **おかげさまで** 托您的福
- **幸(しあわ)せだ** 幸福
- **送(おく)れる** 能够度过
- **でも** 不过，可是
- **この上(うえ)は** 既然如此
- **～のために** 为了……
- **もっと** 更加
- **尽(つ)くす** 尽力

3 猫变成了人

一天晚上，农夫正在地炉边烤火时，身边的猫突然开口说话了。

“托您的福，我能够度过非常幸福的每一天。不过，如果还这么下去的话，除了推石磨，我什么事也干不了。所以，我想变成人，为你尽更大的力。”

お百姓(ひゃくしょう)さんは、まじまじとネコの顔(かお)を見(み)て言(い)いました。

「ありがとう。でも、粉(こな)をひいてくれるだけで十分(じゅうぶん)だ。お前(まえ)がいるおかげで、少(すこ)しも寂(さび)しくない。どうか、わしのところにずっといてくれ」

するとネコは、涙(なみだ)を流(なが)しながら、

「私(わたし)は、なんて幸(しあわ)せものでしょう。長者(ちょうじゃ)さんはお金持(かねも)ちでも、私(わたし)をちっともかわいがってくれませんでした。それなのにあなたは…。お願(ねが)いです。私(わたし)を伊勢参(いせまい)りに行(い)かせてください。必(かなら)ず人間(にんげん)になって戻(もど)ってきますから」

单词与句型

- **まじまじと** 目不转睛，凝视
- **顔(かお)** 脸
- **～だけで** 只是……
- **十分(じゅうぶん)だ** 足够
- **少(すこ)しも** 一点也（不）
- **寂(さび)しい** 寂寞
- **どうか** 请
- **ずっと** 一直
- **涙(なみだ)を流(なが)す** 流泪
- **なんて** 多么
- **ちっとも** 一点也（不）
- **かわいがる** 宠爱
- **それなのに** 尽管如此
- **伊勢参(いせまい)り** 参拜伊势神宫
- **行(い)かせる** 让……去
- **必(かなら)ず** 一定

农夫目不转睛地盯着猫的脸，说道：

“谢谢你。不过，你能帮我磨面粉已经足够了。多亏有你在，我一点也不寂寞。请你一直待在我身边吧。”

于是，猫流着泪说：

“我真是太幸福了。富人虽然有钱，却一点儿也不爱我。而你却……求求你了，让我去参拜伊势神宫吧，我一定会变成一个人回来的。”

それを聞(き)いてお百姓(ひゃくしょう)さんは、このネコがますますかわいく思(おも)えました。

「よし、わかった。行(い)っておいで」

お百姓(ひゃくしょう)さんはネコのために、なけなしのお金(かね)を袋(ふくろ)に入(い)れて、首(くび)に結(むす)びつけてやりました。するとネコは、喜(よろこ)んで家(いえ)を出(で)ていきました。

単词与句型

- **ますます** 更加，越发
- **思(おも)える** 觉得，看起来
- **行(い)っておいで** 去吧
- **なけなしのお金(かね)** 仅有的一点钱
- **袋(ふくろ)** 袋子
- **首(くび)** 脖子
- **結(むす)びつける** 系上
- **出(で)ていく** 出门

听了这话，农夫觉得这只小猫越发可爱了。

“好，我知道了。你去吧。”

农夫把自己仅有的一点钱装在袋子里，系在这只小猫的脖子上。于是，小猫高高兴兴地离开了家门。

そして、伊勢神社へ着くと、神さまのいる社の前へ行き、ネコは手を合わせて言いました。

「神様、どうか私を人間にしてください。私をかわいがってくださる人のために、もっともっと尽くしてあげたいのです」

ネコはいつの間にか、美しい人間の娘になりました。人間になったネコは、大喜びで、お百姓さんの待つ家へ戻っていきました。

单词与句型

- **そして** 于是
- **着く** 到达
- **神様** 神
- **社** 神殿
- **手を合わせる** 双手合十
- **いつの間にか** 不知不觉间
- **美しい** 美丽的，漂亮的
- **娘** 姑娘，女孩
- **大喜び** 非常高兴
- **待つ** 等待

到了伊势神社，小猫便去了供奉着神的神殿里，双手合十说道：

“神啊，请把我变成人吧。我想为宠爱我的人做更多的事情。”

不知什么时候，小猫变成了一个漂亮的姑娘。变成了人的小猫高兴极了，向正在等待自己的农夫家走去。

そして、お百姓さんは人間になったネコと夫婦になりました。

きれいでやさしいネコのお嫁さんは、家の仕事から畑仕事まで、人間以上に働きました。

おかげでお百姓さんは、隣の長者よりもっとお金持ちになり、いつまでも幸せに暮らしました。

单词与句型

- **夫婦** 夫妇
- **きれいだ** 漂亮
- **やさしい** 温柔的，和蔼的
- **以上** 以上，超过
- **～より** 比……
- **いつまでも** 永远

于是，农夫和变成了人的猫结为了夫妇。

漂亮而又温柔的猫媳妇，无论是家务活儿还是地里的农活儿，都比别人干得更好。

因此，农夫变成了一个比邻家的富人更富有的人，一直过着幸福的生活。

练习

阅读故事回答下列问题。

1）村里的富人为什么把猫赶走了？

2）农夫是如何对待这只猫的？

3）有一天农夫回家后看到猫在做什么？

4）猫说它想去哪儿？

5）最后猫怎么样了？

答案

1）富人嫌猫吃得太多，就把猫撵了出去。

2）就像宠爱自己的孩子一样宠爱它。

3）看到猫在用石磨磨麦子。

4）伊势神社

5）猫变成女人后做了农夫的妻子。

しお うす
塩臼 盐磨

内容简介

有一年的除夕夜，善良的弟弟去贪心鬼哥哥家中借米不得，在空手而归的途中遇到了一位老人。老人给了他豆包让他去小矮人住的村子换石磨。那石磨是一个能变出任何东西的魔法石磨。靠这个石磨，弟弟立刻变成了富人。这件事传到了哥哥耳朵里，哥哥偷了石磨坐着小船逃跑了，最终哥哥因为太贪心而沉入了大海。

1 正直者(しょうじきもの)の弟(おとうと)

03

むかしむかし、ある村(むら)に兄弟(きょうだい)がいました。兄(あに)は欲張(よくば)り、弟(おとうと)は正直者(しょうじきもの)でとても利口(りこう)でした。

兄(あに)は一日(いちにち)も早(はや)く弟(おとうと)を婿(むこ)にやって楽(らく)に暮(く)らしたいと思(おも)っていました。しかし弟(おとうと)は、婿(むこ)ではなく、独立(どくりつ)した暮(く)らしがしたいと思(おも)っていました。そして、近所(きんじょ)に住(す)む娘(むすめ)さんをお嫁(よめ)さんにもらい、小(ちい)さな家(いえ)に住(す)みました。

单词与句型

- **正直者**(しょうじきもの) 老实人，诚实的人
- **弟**(おとうと) 弟弟
- **村**(むら) 村子
- **兄弟**(きょうだい) 兄弟
- **兄**(あに) 哥哥
- **欲張り**(よくばり) 贪婪，贪心
- **利口だ**(りこうだ) 聪明，机灵
- **一日も早く**(いちにちもはやく) 尽早
- **婿にやる**(むこにやる) 使入赘
- **楽に暮らす**(らくにくらす) 过得舒服，过得宽裕
- **暮らし**(くらし) 生活
- **近所**(きんじょ) 附近
- **娘さん**(むすめさん) 姑娘
- **お嫁さん**(およめさん) 媳妇，妻子
- **小さい**(ちいさい) 小的
- **住む**(すむ) 居住

很久很久以前，有一个村子里住着兄弟二人。哥哥非常贪心，弟弟却是个聪明诚实的人。

哥哥一心想尽早把弟弟送到别人家里入赘，自己好过得更加宽裕一些。但是弟弟不愿意入赘别人家，而是想要过独立的生活。于是，他娶了住在附近的姑娘，生活在一间小小的房子里。

弟は貧しくても、幸せに暮らしていましたが、冬になり思うように仕事が出来ず困っていました。

大晦日の夜、兄の家にお米を借りに行きました。

「お兄さん、お米を貸してください」

「何てことだ。お前は米も買えないのに、よく嫁さんをもらったものだな。悪いが、他に行ってくれ」

弟は何も言えず、兄の家を後にしました。

单词与句型

- 貧しい 贫穷的
- 冬 冬天
- 思うように 自如地，随心所欲地
- 出来ず(= 出来ないで) 不能
- 困る 为难，没有办法
- 大晦日 除夕
- 夜 夜里
- お米 米
- 借りる 借来
- 貸す 借给
- 何てことだ 你说什么，怎么回事
- 買えない 买不起
- よく 居然
- 悪い 不好意思，对不起
- 他 别处
- 何も言えず(= 何も言えないで) 什么话也说不出
- 後にする 离开

弟弟虽然很贫穷，但生活得非常幸福，不过，到了冬天，他没什么活儿干，陷入了困境。

除夕夜，他到哥哥家来借米。

“哥哥，请借我一些米吧。”

“你说什么？你连米都买不起，居然还娶了媳妇。不好意思，你去别家吧。”

弟弟一句话也说不出来，离开了哥哥家。

弟が途方に暮れ歩いていると、一人の白いひげを生やした老人が現れました。

「お前はどこに行くのじゃ？」

「明日は正月だというのに、お米もなくて、あてもなく歩いているのです」

「それは困ったことだな。ではこれをお前にやるから持っていくがいい」

そう言って老人は、麦饅頭をくれました。

そして、「この先にある小人の住む村に行けば、不思議な石臼があるから、この饅頭をもって行って、それと交換するのだ」と教えてくれました。

弟はお礼を言って、老人に教えてもらった小人の村に行きました。

单词与句型

- 途方に暮れる（とほうにくれる） 走投无路
- 歩く（あるく） 走路
- ひげを生やす（はやす） 留胡须
- 老人（ろうじん） 老人
- 現れる（あらわれる） 出现
- 正月（しょうがつ） 正月，过年
- あてもなく 漫无目的
- 持っていく（もっていく） 拿去
- 麦饅頭（むぎまんじゅう） 豆包
- 先（さき） 前面
- 小人（こびと） 小矮人
- 不思議だ（ふしぎだ） 不可思议，神奇
- 石臼（いしうす） 石磨
- 交換する（こうかんする） 交换
- 教える（おしえる） 告诉
- お礼を言う（おれいをいう） 表示感谢，道谢

弟弟走投无路，正在路上走着，突然出现了一位留着白胡子的老人。

“你要去哪里呀？”

“明天就过年了，我连米都没有，只好漫无目的地到处乱走。”

“那还真是可怜哪。那么，我给你这个，你拿去吧。”

老人说着，给了他一些豆包。

老人还告诉他：“去前面的小矮人村，那里有一个神奇的石磨，你拿这些豆包把它换下来。”

弟弟说了谢谢，就向老人所说的小矮人村走去。

2 小人の村

小人の村に着くと、小人たちが騒いでいました。何をしているのかと思って見ると、一本のかやに取り付いて転び、落ちたり倒れたりしていました。

弟はおかしくなり、目的の場所までつまんであげました。小人たちはとても喜びました。

「あなたは大きくて、力も強いですね」

小人たちはそう言って弟を見上げました。

その時、弟が手に持っている饅頭を見つけました。

单词与句型

- **騒ぐ** 吵闹，热闹
- **一本** 一根
- **かや** 茅草
- **取り付く** 抓住
- **転ぶ** 摔倒
- **落ちる** 掉下，坠落
- **倒れる** 倒下
- **おかしい** 好笑，古怪
- **目的** 目的
- **場所** 场所
- **つまむ** 抓取，夹住
- **力** 力量，力气
- **強い** 强大
- **見上げる** 仰视，敬仰
- **見つける** 找到，发现

到了小矮人村，只见小矮人们正在吵吵嚷嚷。弟弟正在疑惑他们究竟在干什么，一看，原来很多小矮人紧紧抓住一根茅草，有的掉了下去，有的摔倒了。

弟弟觉得好笑，于是抓起小矮人们把他们送到想去的地方。小矮人们非常高兴。

“您真是一位强有力的大个子啊。”

小矮人们边说着，边抬起头来看着弟弟，感到非常敬佩。

这时，他们发现了弟弟拿在手里的豆包。

「あなたはとてもいい物を持っている。それを私たちにくれませんか？」

そう言って、黄金を弟の前に並べました。

弟は老人から言われた通りにしました。

「いいや、黄金などは要らないよ。石臼となら取り替えてもいいよ」と言いました。

「それは困ったな。あの石臼は二つとない宝物なのに…。でも仕方がないから、交換します」

弟は石臼をもらいました。

小人たちは、麦饅頭をもらってとても喜んでいました。

单词与句型

- **並べる** 摆放，排列
- **～通りに** 按照……
- **要らない** 不需要
- **取り替える** 交换
- **二つとない** 天下无双，独一无二
- **宝物** 宝物，宝贝
- **仕方がない** 没有办法，无奈

“您有非常好的东西。可以给我们吗？”

说着，小矮人们把黄金摆放在弟弟面前。

弟弟照着老人教他的那样说：

“不，我不要黄金，如果你们给我石磨，我倒是愿意交换。”

“那不太好办呀。那个石磨是独一无二的宝物……不过，没办法，那就交换吧。”

弟弟得到了石磨。

小矮人们拿到了豆包，非常兴奋。

弟(おとうと)は家(いえ)に帰(かえ)る途中(とちゅう)、また老人(ろうじん)に会(あ)いました。

「石臼(いしうす)をもらってきたな。その臼(うす)は右(みぎ)に回(まわ)すと思(おも)うものが出放題(でほうだい)だし、左(ひだり)に回(まわ)すと止(と)まるんだぞ」と教(おし)えてくれました。

单词与句型

- **右(みぎ)** 右
- **回(まわ)す** 转
- **出放題(でほうだい)** 要多少有多少
- **左(ひだり)** 左
- **止(と)まる** 停止，停下

弟弟在回家的途中，又遇到了那位老人。

“你拿到了石磨嘛。这个石磨只要把它向右转动，想要的东西就会取之不尽地出来，向左转动它就会停下来。”老人告诉他说。

3 不思議な石臼

弟はとても喜んで家に帰りました。

家に帰ると弟は、さっそく臼を右に回し、お米を出しました。そして次に魚を出しました。その後も弟は必要なものを全部出し、安心して眠りました。

元旦になり、弟は立派な家や馬などを出しました。その後も酒やおもちを出して、親戚や村の人たちを呼んでお祝いを始めました。

单词与句型

- さっそく 赶紧，立即
- 出す 造出
- 次に 接下来
- 魚 鱼
- 必要だ 必要
- 全部 全部
- 安心する 安心
- 眠る 睡觉
- 元旦 新年
- 立派だ 漂亮的，气派的
- 馬 马
- 酒 酒
- おもち 年糕
- 親戚 亲戚
- 呼ぶ 叫，喊
- お祝い 庆祝
- 始める 开始

弟弟非常高兴地回到了家中。

回到家后，弟弟立即向右转动石磨，磨出了米。接下来又磨出了鱼。然后，弟弟又磨出了所有的必需品，安心地睡觉了。

到了新年，弟弟又磨出了漂亮的房子和马。然后又磨出了酒和年糕，叫来亲戚和全村的人一起开始庆祝。

弟のうわさを聞いた兄は、不思議に思って、弟の家に行き、そして、弟が臼を回して、お菓子や食べ物を出しているのを見てしまいました。

お祝いが終わると、村の人たちはみんな帰り、弟夫婦も疲れて眠ってしまいました。

兄はその間にこっそり弟の家に入ると、石臼を盗んで逃げました。そして海に行って、小船を盗むと沖へ向かいました。

单词与句型

- **うわさ** 传闻，消息
- **聞く** 听，听到
- **お菓子** 点心
- **食べ物** 食物
- **終わる** 结束
- **夫婦** 夫妇，夫妻
- **疲れる** 疲劳，疲累
- **こっそり** 偷偷，悄悄
- **盗む** 偷，盗
- **逃げる** 逃跑
- **海** 海
- **小船** 小船
- **沖** 海面
- **向かう** 向……去

哥哥听到了有关弟弟的传闻，感到不可思议，于是去了弟弟家，正好看到弟弟用石磨来磨出点心和食物的情景。

等庆祝活动结束后，村里人都回去了，弟弟夫妇也因为疲劳而入睡了。

哥哥趁此机会悄悄潜入弟弟家，偷出石磨逃走了。他去了海边，偷了一艘小船向海里驶去。

途中、兄はお腹がすいたので、石臼と一緒に盗んだ甘いお菓子を食べました。すると、しょっぱい物が欲しくなりました。しかし船の上には、しょっぱい物などありませんでした。

そこで兄が、試しに「塩が欲しい」と言いながら臼を回すと、塩がどんどん出てきました。しかし兄は止め方を知りません。船は塩でどんどん重くなり、とうとう沈んでしまいました。

今でも臼は回り続け、塩が出つづけているので、海の水がしょっぱいのだと言われています。

单词与句型

- **お腹がすく** 肚子饿
- **～と一緒に** 和……一起
- **甘い** 甜的
- **すると** 结果
- **しょっぱい** 咸的
- **欲しい** 想要的
- **しかし** 但是
- **試しに** 试着
- **塩** 盐
- **どんどん** 逐渐
- **止め方** 停止的方法
- **重い** 重的
- **とうとう** 终于
- **沈む** 沉
- **今でも** 至今仍
- **～続ける** 继续……
- **海の水** 海水

路上，哥哥肚子饿了，于是就吃了偷石磨时顺手偷来的甜点心。结果，他想吃点咸的东西。但是船上根本就没有什么咸的东西。

于是，哥哥试着说“想要盐”并转动石磨，盐越来越多地涌了出来。但是哥哥不知道让石磨停止下来的方法。因为盐不断涌出，船变得越来越重，终于沉下去了。

人们都说，石磨至今仍在转动着，并在不断磨出盐来，所以海水变成了咸的。

练习

阅读故事回答下列问题。

1）弟弟为什么在除夕夜去哥哥的家里？

2）老人为什么给了弟弟豆包？

3）石磨是个什么东西？

4）弟弟回家后做了什么？

5）哥哥听了弟弟的传闻后做了什么？

答案

1）去借米。

2）为了让他到小矮人村换石磨。

3）是个向右转动就可以满足人愿望，向左转动就会停止的石磨。

4）弟弟用石磨磨出了一些米、鱼之类的必需品。

5）去弟弟家偷了石磨逃到了海上。

一寸法師（いっすんぼうし） 一寸法师

内容简介

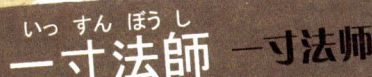

很久很久以前，身材矮小袖珍的一寸法师带着针和碗向着京城出发了。到了城里的一寸法师成了公主的护卫。他用针跟妖怪展开了殊死搏斗。妖怪逃跑时掉了一个神奇的万宝锤，公主挥动了一下万宝锤后，一寸法师瞬间长高了，他便和公主结婚，幸福地生活在一起。

1 小(ちい)さな赤(あか)ちゃん

04

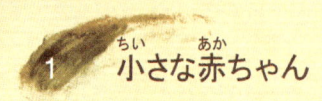

むかしむかし、あるところに、おじいさんとおばあさんが住(す)んでいました。子供(こども)のいない二人(ふたり)は、毎日(まいにち)子供(こども)が授(さず)かるよう神様(かみさま)に祈(いの)っていました。

「神様(かみさま)、どうか私(わたし)たちに子供(こども)を授(さず)けてください。どんな小(ちい)さな子供(こども)でも構(かま)いません」

单词与句型

- 小(ちい)さい 小的
- 赤(あか)ちゃん 婴儿
- 毎日(まいにち) 每天
- 授(さず)かる 得到
- 神様(かみさま) 神
- 祈(いの)る 祈祷
- どうか 请
- 授(さず)ける 给，授予
- 構(かま)いません 不要紧，没关系

1　小婴儿

很久很久以前，有个地方住着一位老爷爷和一位老奶奶。两人没有孩子，每天都向神祷告，希望能得到一个孩子。

“神啊，请给我们一个孩子吧。无论多么小的孩子都可以。”

ある日(ひ)のことです。本当(ほんとう)に小(ち)さな子供(こども)が生(う)まれました。背(せ)の高(たか)さが一寸(いっすん)にもならない男(おとこ)の子(こ)です。

二人(ふたり)はさっそく一寸法師(いっすんぼうし)と名付(なづ)けました。そして宝物(たからもの)のように大事(だいじ)に育(そだ)てました。

村(むら)の子供(こども)たちは、一寸法師(いっすんぼうし)をからかいました。

「や〜い、一寸(いっすん)、一寸(いっすん)、一寸法師(いっすんぼうし)〜」

おばあさんはとても腹(はら)を立(た)てて、村(むら)の子供(こども)たちを追(お)い返(かえ)しました。

一寸法師(いっすんぼうし)はたくましく頭(あたま)のいい子(こ)になりました。

单词与句型

- 本当(ほんとう)に　真的
- 生(う)まれる　出生
- 背(せ)　身高
- 高(たか)さ　高度
- 一寸(いっすん)　一寸
- 〜にもならない　……也不到
- 法師(ほうし)　法师，和尚
- 名付(なづ)ける　取名
- そして　并且
- 宝物(たからもの)　宝物
- 〜のように　像……那样
- 大事(だいじ)に　珍重地，慎重地
- 育(そだ)てる　养育
- 村(むら)　村子
- からかう　嘲笑
- とても　非常
- 腹(はら)を立(た)てる　生气
- 追(お)い返(かえ)す　赶回去，打退
- たくましい　健壮，强壮
- 頭(あたま)　头
- 〜になる　成了……

有一天，真的有一个小孩出生了。是一个身高还不到一寸的男孩子。

两个人立即给孩子取了个名字叫一寸法师，并且非常宝贝地抚养他。

村里的孩子们都嘲笑一寸法师。

“喂，一寸，一寸，一寸法师。”

老奶奶非常生气，把村里的孩子们都赶走了。

一寸法师长成了一个又强壮又聪明的孩子。

そんなある日(ひ)、一寸法師(いっすんぼうし)は、二人(ふたり)にこう言(い)いました。

「お父(とう)さん、お母(かあ)さん、私(わたし)に針(はり)とわらとおわんと箸(はし)をください」

「一体(いったい)どうする気(き)かい」とおばあさん。

「針(はり)は剣(つるぎ)、わらはさや、おわんは船(ふね)、箸(はし)は櫂(かい)です。都(みやこ)に行(い)って武士(ぶし)になるつもりです」

二人(ふたり)は心配(しんぱい)でしたが、一寸法師(いっすんぼうし)の願(ねが)いを聞(き)き入(い)れました。そして一寸法師(いっすんぼうし)は都(みやこ)へ行(い)くことになりました。

单词与句型

- **こう** 这样
- **針(はり)** 针
- **わら** 麦秆
- **おわん** 碗
- **箸(はし)** 筷子
- **一体(いったい)** 究竟
- **気(き)** 想法
- **剣(つるぎ)** 剑
- **さや** 鞘
- **船(ふね)** 船
- **櫂(かい)** 桨
- **都(みやこ)** 都城，京城
- **武士(ぶし)** 武士
- **つもり** 打算
- **心配(しんぱい)** 担心
- **願(ねが)い** 请求，愿望
- **聞(き)き入(い)れる** 听从，接受
- **～ことになる** 结果

就这样，有一天，一寸法师对两人这么说：

“爸爸妈妈，请给我一根针、一根麦秆、一个碗和一根筷子。”

“你究竟打算干什么呀？”老奶奶问。

“针就是我的剑，麦秆是剑鞘，碗是船，筷子是船桨。我打算去京城，我要成为一个武士。”

两人非常担心，但还是接受了一寸法师的请求。于是一寸法师踏上了去京城的道路。

2 いざ都(みやこ)へ

一寸法師(いっすんぼうし)は都(みやこ)へ行(い)く途中(とちゅう)、アリに会(あ)いました。

「アリさん、川(かわ)はどこですか」

「たんぽぽ畑(ばたけ)の隣(となり)です」

川(かわ)に着(つ)き、おわんに飛(と)び乗(の)ると、矢(や)のように川(かわ)を下(くだ)っていきました。

すると、ある一匹(いっぴき)の魚(さかな)が一寸法師(いっすんぼうし)に向(む)かって来ました。魚(さかな)は、おいしい食(た)べ物(もの)と間違(まちが)えたのです。一寸法師(いっすんぼうし)は箸(はし)を使(つか)って追(お)い払(はら)いました。

单词与句型

- **いざ** 终于
- **途中(とちゅう)** 途中
- **アリ** 蚂蚁
- **～に会(あ)う** 遇到……
- **川(かわ)** 河流
- **どこ** 哪里
- **たんぽぽ** 蒲公英
- **畑(はたけ)** 田野
- **隣(となり)** 旁边
- **着(つ)く** 到达
- **飛(と)び乗(の)る** 跳上
- **矢(や)にように** 像箭一样
- **下(くだ)る** 下
- **すると** 于是
- **魚(さかな)** 鱼
- **～に向(む)かう** 向着……而去
- **おいしい** 美味的
- **食(た)べ物(もの)** 食物
- **間違(まちが)える** 弄错
- **追(お)い払(はら)う** 赶走

一寸法师在去京城的路上，遇到了蚂蚁。

“蚂蚁，请问河流在什么地方？”

“在蒲公英田野的旁边。”

到了河边，一寸法师一跳上碗，就像离弦的箭一样顺流而下。

这时，有一条大鱼向着一寸法师游了过来。大鱼误把一寸法师当成了美味的食物。

一寸法师用筷子赶走了大鱼。

その後一寸法師は、波に揺られ、雨に打たれ、風に吹かれ、やっとの思いで都に着きました。

都に着いた一寸法師は、都で一番りっぱな家をたずねていきました。そこは殿様の家でした。

「門を開けてください。一つお願いがあります」

殿様は門を開けるとあたりを見回しましたが、誰もいません。

「一体誰だ。誰も見えないぞ」

「あなたの足元にいます」

单词与句型

- **その後** 后来，接下来
- **波** 波浪
- **揺られる** 被摇晃
- **雨に打たれる** 被雨打
- **風に吹かれる** 被风吹
- **やっとの思いで** 好不容易
- **一番** 最
- **りっぱだ** 气派的，漂亮的
- **たずねる** 拜访
- **殿様** 老爷，大人
- **門** 门
- **開ける** 打开
- **あたり** 附近，四周
- **見回す** 环顾
- **足元** 脚下

后来，一寸法师随波逐流，历尽雨打风吹，好不容易抵达了京城。

一寸法师到了京城，就去拜访京城里最气派的房子。这是大臣的家。

“请开门，我有一个请求。”

大臣打开门，环顾四周，一个人也没有。

“究竟是谁呀？谁也没看到呀。”

“我在你的脚下。”

殿様（とのさま）は下駄（げた）のそばにいた一寸法師（いっすんぼうし）を見（み）つけました。

「私（わたし）は一寸法師（いっすんぼうし）と言（い）います。ここで働（はたら）かせてください」

「おまえはなかなか頭（あたま）が良（よ）さそうだ。よし！家来（けらい）にしてやろう」

そして、一寸法師（いっすんぼうし）は、お姫様（ひめさま）を守（まも）る役目（やくめ）につきました。

单词与句型

- **下駄**（げた） 木屐
- **そば** 旁边
- **見つける**（みつける） 发现，注意到
- **働かせる**（はたらかせる） 使工作（「働く」的使役态）
- **なかなか** 相当
- **良さそうだ**（よさそうだ） 似乎很好的样子
- **よし** 好吧
- **家来**（けらい） 家臣，侍从
- **姫様**（ひめさま） 公主
- **守る**（まもる） 保护，守护
- **役目**（やくめ） 任务，职责

大臣这才发现了木屐旁边的一寸法师。

“我叫一寸法师。请让我在这里工作。”

“你看起来头脑相当聪明。好吧，让你做家臣吧！”

于是，一寸法师就承担起保护公主的职责了。

3 鬼退治

ある日、一寸法師はお姫様のお供をして、お寺にお参りに行きました。

その帰り道、突然、二匹の鬼が現れました。

鬼はお姫様を見ると、さらおうとしました。

「待て！」

一寸法師は、針の剣で、鬼に飛びかかりました。

ところが、「なんだ、虫みたいなやつだな」

鬼は、一寸法師をつまみあげると、一口で飲み込んでしまいました。

单词与句型

- **鬼** 鬼，妖怪
- **退治** 惩办，打退
- **お供をする** 陪同
- **お寺** 寺庙
- **お参り** 参拜
- **帰り道** 归程，回来的路上
- **突然** 突然
- **現れる** 出现
- **さらう** 夺走，抢走
- **待て** 且慢
- **飛びかかる** 冲上去
- **ところが** 但是
- **なんだ** 什么
- **虫** 虫子
- **～みたいだ** 像……那样
- **やつ** 家伙
- **つまみあげる** 抓起来
- **一口** 一口
- **飲み込む** 吞下

有一天，一寸法师陪同公主一起去庙里参拜。
回来的路上，突然出现了两只妖怪。
妖怪一看到公主，就想要把她抢走。
“且慢！”
一寸法师拿着针剑向妖怪冲了上去。
但是，“什么？原来只是个虫子一样的家伙。”
妖怪说着，一把抓起一寸法师，一口就吞了下去。

鬼のお腹の中は、真っ暗です。一寸法師は針の剣でお腹の中を刺して回りました。

「痛い、いたたたた……」

鬼はうずくまってしまいました。

困った鬼が、慌てて一寸法師を吐き出すと、

「よし、今度はわしがひねりつぶしてやる」

もう一匹の鬼が言いましたが、一寸法師は針の剣を構えると、今度は、その鬼の目の中へ飛び込んだのです。鬼はとてもびっくりしました。

「た、助けてくれ……」

单词与句型

- **お腹** 肚子
- **～の中** ……里面
- **真っ暗** 漆黑
- **刺す** 刺，扎
- **回る** 转动
- **痛い** 疼痛的
- **うずくまる** 蹲下
- **困る** 为难，不知如何是好
- **慌てる** 慌张，慌忙
- **吐き出す** 吐出
- **今度** 这次
- **わし** 我（老人语）
- **ひねりつぶす** 捻碎，捏碎
- **もう** 另外
- **構える** 摆好姿势
- **目** 眼睛
- **飛び込む** 冲进去
- **びっくりする** 吃惊
- **助ける** 帮助

妖怪的肚子里一片漆黑。一寸法师用针剑在肚子里四处乱刺。

“痛，好痛呀……”

妖怪痛得蹲下了身子。

不知如何是好的妖怪，慌忙把一寸法师吐了出来。

“好哇，这次看我来捏死你！”

另一只妖怪说道。一寸法师手持针剑摆好架势，这回他一下子冲进了这只妖怪的眼睛里。妖怪顿时大吃一惊。

“救，救命……”

二匹の鬼は、とうとう逃げ出してしまいました。

「これにこりて、二度と来るのではないぞ！　おや？お姫様、これは何でしょうか？」

鬼は逃げ出す時に、不思議な小づちを落としていきました。

「まあ、これは打ち出の小づちという物ですよ。トントンと振ると、何でも欲しいものが手に入るのです。一寸法師、あなたは何が欲しいですか」

「私は大きくなりたいです。お姫様、『大きくなれ！』と言って、振ってください」

单词与句型

- **とうとう** 终于
- **逃げ出す** 逃走
- **こりる** 因吃了苦头而不敢再做
- **二度と** 再也（不）
- **おや** 哎呀（感到惊奇或怀疑等时使用）
- **～時に** ……的时候
- **不思議だ** 不可思议的，奇怪的
- **小づち** 小锤子
- **落とす** 掉下，遗落
- **打ち出の小づち** 万宝锤
- **物** 东西
- **トントン** 咚咚（轻轻敲打硬物的声音）
- **振る** 挥舞
- **何でも** 无论什么
- **欲しい** 想要的
- **手に入る** 得到
- **大きい** 大的
- **なれ** 变（「なる」的命令形）

两只妖怪终于逃走了。

“你们吃了这次的苦头，再也不要来了！咦？公主，这是什么？”

妖怪逃走的时候，遗落了一个奇怪的小锤子。

“啊，这个东西叫做万宝锤。只要轻轻挥动，想要任何东西都可以得到。一寸法师，你想要什么呢？”

“请把我变大吧。公主，请你一边说‘给我变大’一边挥动锤子。”

お姫様は、一寸法師が望む通りに打ち出の小づちを振りました。

「大きくなれ、大きくなれ！」

すると、不思議なことに、一寸法師はどんどん大きくなり、あっという間にりっぱな大人になりました。

その後一寸法師はお姫様と結婚し、りっぱな武士になりました。

单词与句型

- 望む 希望，期望
- ～通り 按照……
- どんどん 不断地，逐渐
- あっという間に 一瞬间
- 大人 大人
- 結婚 结婚

公主按照一寸法师所期望的那样，挥动了万宝锤。

“给我变大，给我变大！”

结果，不可思议的是，一寸法师不断地变大，眨眼间变成了一个英俊的大人。

后来，一寸法师与公主结了婚，成了一位了不起的武士。

练习

阅读故事回答下列问题。

1）一寸法师的名字缘何而来？

2）一寸法师去京城的时候带了什么？

3）一寸法师到京城最先去了哪里？

4）一寸法师在妖怪的肚子里做了什么？

5）一寸法师向万宝锤许了什么愿望？

答案

1）因为他是一个身材不足一寸的男孩。

2）带了一根针、一根麦秆、一个碗和一根筷子。

3）最先去了气派的大臣的家。

4）用针剑乱刺妖怪的肉。

5）许了让身材变大的愿望。

うば捨て山 姥舍山

内容简介

很久很久以前，有一个国家，但凡父母到60岁，子女就要把他们扔到山上去。有一年，儿子和孙子背着60岁的老爷爷，去把他扔到山里，在路上，他们明白了老爷爷为他们着想的心意，并及时悔悟，偷偷地把老爷爷带回了家里。

有一天，孙子在爷爷的帮助下解开了邻国使臣出的谜语，大臣知道后便重新下令，从此要尊敬老人。

1 国の決まり

05

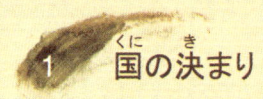

むかしむかし、おじいさんやおばあさんを大事にしない国がありました。

「年寄りは誰も働かない。一日中食べて、寝て、若者にガミガミ言っているだけだ。何の役にも立たない、それが年寄りだ」

「還暦を過ぎた者はすべて、男女を問わず、山に連れていって、そこで死んでもらう」

单词与句型

- 国 国家
- 決まり 风俗，习俗
- 大事にする 重视
- 年寄り 老年人
- 働く 工作，做工
- 一日中 一整天
- 寝る 睡觉
- 若者 年轻人
- ガミガミ 唠唠叨叨
- ～だけ 只有……
- 何の 什么
- 役に立つ 有用
- 還暦 花甲，六十岁
- 過ぎる 超过
- 者 人
- すべて 全部
- 男女 男女
- ～を問わず 不问……，无论……
- 山 山
- 連れていく 带去
- 死んでもらう 让……去死

很久很久以前，有一个国家非常不重视老爷爷和老奶奶。

“又不去做工，整天只知道吃和睡，还对年轻人唠唠叨叨。一点用处也没有，这就是老年人。”

“过了60岁的人，无论男女，都要把他们带到山上去，让他们死在那里。”

その国(くに)では、親(おや)が60歳(さい)になると、その子(こ)や孫(まご)は、うば捨(す)て山(やま)に親(おや)を捨(す)てに行(い)かなければなりません。

そうしないと、お殿様(とのさま)から、罰(ばつ)を受(う)けるのです。

ある年(とし)のこと、ちょうど60歳(さい)になったおじいさんがいました。

いざ、その日(ひ)になり、息子(むすこ)や孫(まご)たちは、とてもつらい気持(きも)ちで、おじいさんをしょいこに乗(の)せて、しかたなく家(いえ)を出(で)ました。

单词与句型

- **親(おや)** 父母
- **～歳(さい)** ……岁
- **孫(まご)** 孙子
- **うば捨(す)て山(やま)** 姥舍山
- **捨(す)てる** 抛弃
- **～なければならない** 不得不……，必须……
- **殿様(とのさま)** 大人，老爷
- **罰(ばつ)を受(う)ける** 受罚
- **年(とし)** 年
- **ちょうど** 正好
- **いざ** 一旦
- **息子(むすこ)** 儿子
- **とても** 非常
- **つらい** 痛苦
- **気持(きも)ち** 心情
- **しょいこ** 背架
- **乗(の)せる** 放在……上
- **しかたなく** 无可奈何
- **家(いえ)を出(で)る** 离开家

在这个国家里，父母到了60岁，子孙就必须把他们扔到姥舍山上去。

如果不这么做的话，就会受到大臣的惩罚。

有一年，有一位正好60岁的老爷爷。

到了这一天，儿子和孙子怀着非常痛苦的心情，让老爷爷坐在背东西的架筐里，无可奈何地离开了家。

2　うば捨て山

うば捨て山は、昼でも暗い森の奥、道もないので、目印をつけていないと、国には戻れませんでした。

おじいさんは、時々かごの中から手を出して、道の木の小枝をポキポキと折りました。

孫は不思議に思い、おじいさんにたずねました。

「おじいさん、ポキポキ折った小枝をたよりに、国に帰るのですか？」

しかし、おじいさんは首を横に振りました。

单词与句型

- **昼**（ひる） 白天
- **暗い**（くら） 阴暗
- **森**（もり） 森林
- **奥**（おく） 深处
- **目印をつける**（めじるし） 留下记号
- **戻れる**（もど） 能回去
- **時々**（ときどき） 时时，时常
- **かご** 筐
- **手を出す**（て だ） 伸出手
- **道**（みち） 道路
- **小枝**（こえだ） 小树枝
- **ポキポキ** 啪嚓，嘎巴嘎巴（掰断细小物品时的脆响声）
- **折る**（お） 折断
- **たより** 依靠
- **帰る**（かえ） 回去
- **しかし** 但是
- **首を横に振る**（くび よこ ふ） 摇头

姥舍山在白天也非常阴暗的森林深处，连路也没有，不留下记号的话，就没有办法回家。

老爷爷时不时地从筐里伸出手来，啪嚓啪嚓地折断路边树木的小枝子。

孙子觉得很奇怪，于是就问爷爷：

“爷爷，你打算依靠这些啪嚓折断的小枝子回家去吗？”

但爷爷只是摇了摇头。

「そうじゃない、私は死ぬ覚悟ができている。しかし、お前たちは、また国に戻らなくてはならない。この道もない暗いやぶで迷わないように、こうしているんだよ」

それを聞いた息子と孫たちは、はっとしました。

「おじいさん、ごめんなさい。許してください」

息子や孫たちは、その場に土下座して謝りました。

单词与句型

- **覚悟ができる** 做好思想准备
- **お前たち** 你们
- **また** 还，又
- **～なくてはならない** 不得不……，必须……
- **やぶ** 树丛
- **迷う** 迷路
- **～ないように** 为了不……
- **こうして** 这样
- **はっとする** 恍然大悟
- **許す** 原谅
- **その場** 当场
- **土下座する** 下跪
- **謝る** 道歉，谢罪

“不是的。我已经做好了死去的准备。但是，你们必须回家。为了不让你们在这连路也没有的黑暗的树丛中迷路，我才这样做的。”

听了这话，儿子和孙子这才恍然大悟。

“爷爷，对不起。请原谅我们。”

儿子和孙子当场跪下来道了歉。

「いいとも、いいとも、心配するな。それよりも日が暮れる前に、早くうば捨て山に行こうではないか」

おじいさんは、孫の頭をなでながら言いました。

「いいえ、だめです。お殿様から、どんな罰を受けてもかまいません。一緒に国へ戻りましょう」

息子は泣きながら言いました。そして、おじいさんを連れて戻り、家の奥に隠れさせておきました。

单词与句型

- いいとも 没事
- 心配する 担心
- ～するな 不要……
- それよりも 更重要的是
- 日が暮れる 日暮，天黑
- ～前に ……之前
- 早く 赶快，尽早
- ～うではないか 去……吧
- なでる 抚摸
- だめだ 不行
- 罰を受ける 受罚
- 泣く 哭泣
- 連れて戻る 带回去
- 隠れさせる 让……藏起来
- ～ておく ……着

“没事，没事，别担心。更重要的是，趁天黑之前，早点儿去姥舍山吧。”

爷爷抚摸着孙子的头说道。

“不，不行。无论受到大臣怎样的惩罚也不要紧。我们一起回家吧。”

儿子边哭边说。于是，他们把爷爷带了回去，让他藏在家里。

3 隣(となり)の国(くに)の使者(ししゃ)

それからしばらくして、隣(となり)の国(くに)の殿様(とのさま)が、この年寄(としよ)りを大事(だいじ)にしない国(くに)の殿様(とのさま)に難(むずか)しい謎(なぞ)かけをしてきました。灰(はい)で縄(なわ)をなえというのです。

そこで、殿様(とのさま)は国中(くにじゅう)に、

「灰(はい)で縄(なわ)をなえた者(もの)には褒美(ほうび)をあたえる」

と、おふれを出(だ)しました。

单词与句型

- **隣(となり)** 邻居，近邻
- **使者(ししゃ)** 使者
- **それから** 后来
- **しばらくして** 过了不久
- **難(むずか)しい** 困难
- **謎(なぞ)かけ** 谜语，谜题
- **灰(はい)** 灰
- **縄(なわ)をなえ** 给我搓绳（「縄をなう（搓绳子）」的命令形）
- **国中(くにじゅう)** 全国
- **褒美(ほうび)** 奖赏，表扬
- **あたえる** 给予
- **おふれを出(だ)す** 贴布告

之后，过了不久，邻国的使臣来给这个不重视老人的国家的大臣出了一个非常难的谜题。就是要用灰来搓成绳子。

于是，大臣面向全国张榜公布："能用灰搓成绳子的人，将给予奖赏。"

孫はおじいさんに聞きました。

「藁で固く縄をなって、塩水につけ、それを乾かして板の上で焼いてごらん。縄の形に灰が残るから、崩さないようにそっと持っていけばいい」

孫は、そのことを殿様に申し上げました。実際にやってみると、そのとおり灰で縄ができたので、殿様はたいへん喜びました。

隣の国の使いの者も、感心しました。

单词与句型

- **藁（わら）** 稻草
- **固い（かた）** 坚硬的
- **塩水（しおみず）につける** 用盐水浸泡
- **乾（かわ）かす** 使干燥
- **板（いた）** 板
- **～の上（うえ）で** 在……的上面
- **焼（や）く** 烧
- **～ごらん** 试着……
- **形（かたち）** 形状
- **残（のこ）る** 留下，剩下
- **崩（くず）す** 打乱，弄乱
- **そっと** 轻轻，悄悄
- **持（も）っていく** 拿去
- **申（もう）し上（あ）げる** 提出
- **実際（じっさい）に** 实际
- **やってみる** 试着做
- **そのとおり** 果然
- **できる** 形成
- **たいへん** 非常
- **喜（よろこ）ぶ** 高兴
- **使（つか）いの者（もの）** 使者
- **感心（かんしん）する** 佩服

孙子去问爷爷。爷爷说：

“用稻草做成坚固的绳子，把它浸泡在盐水中，等到干燥之后在板上烧烧看。灰会留下绳子的形状，只要小心地拿去，让它不被弄散就可以了。”

孙子把这件事报告给大臣。真的这么一做，果然做成了灰绳，大臣非常高兴。

邻国的使臣也佩服极了。

そして、その男の子に次から次へとへびの雌と雄の見分け方など難しいなぞなぞを出しました。

実はこの男の子は、ヘビの見分け方をおじいさんから聞いていたのです。なぞなぞの答えが分からないと、そっと家に帰っては、おじいさんに聞いて、答えていました。

隣の国の使いの者は、この国にはとても賢い子供がいると思い、すぐに自分の国に帰っていきました。

单词与句型

- **男の子** 男孩子
- **次から次へと** 一个接一个
- **へび** 蛇
- **雌** 雌
- **雄** 雄
- **見分け方** 区分方法
- **なぞなぞ** 猜谜语
- **実は** 实际上
- **答え** 回答
- **分からない** 不懂，不明白
- **賢い** 聪明
- **すぐに** 立即

于是，一个接一个的难解的谜就被提出来，要求这个男孩回答，例如怎样分辨蛇的雌雄等等。

其实，这个男孩已经从爷爷那里学会了怎样分辨蛇的雌雄。当他不知道谜语的答案时，他就会悄悄回到家中，请教爷爷之后再一一作答。

邻国的使臣认为这个国家有一个非常聪明的孩子，于是立即回到了自己的国家。

殿様がその男の子に、なぜ、難しい謎かけが分かったのかたずねると、男の子は答えました。

「実は、すべておじいさんから教えてもらったのです」

それを聞いた殿様は、年寄りの知恵がどんなにすばらしいか気づきました。自分の過ちを知り、お年寄りをうば捨て山に捨てに行くことはやめました。

そして、お年寄りを大事にするよう新しい命令を出しました。

单词与句型

- なぜ 为什么
- たずねる 询问
- すべて 全部
- 教える 教，告诉
- 知恵 智慧
- どんなに 怎样
- すばらしい 伟大，精彩
- 気づく 注意到
- 自分 自己
- 過ち 过失，过错
- 知る 知道，懂得
- やめる 停止，取消
- ～するよう 必须……
- 新しい 新的
- 命令を出す 发布命令

大臣于是问这个男孩子，为什么他能解答这么难的谜题，男孩子回答说：

“其实，这都是我爷爷告诉我的。”

听了这话，大臣这才发觉老年人的智慧是多么伟大。认识到自己的错误，他不再要求人们把老年人扔到姥舍山了。

于是，他发布了必须尊重老年人的新命令。

练 习

阅读故事回答下列问题。

1）在这个国家老人过了花甲必须做什么？

2）爷爷在被背着上山的路上做了什么？

3）儿子和孙子明白爷爷的深刻用意之后怎么做的？

4）邻国来的使臣做了什么？

5）小男孩为什么能解开谜题？

答案

1）被扔到山上等死。

2）为了不让儿子和孙子忘了回家的路，用树枝做记号。

3）偷偷把爷爷带回了家。

4）使臣出了个难解的谜题。

5）因为老爷爷告诉了他谜题的答案。

三枚(さんまい)のお札(ふだ) 三张护身符

内容简介

很久很久以前，有个寺庙的小和尚去后山捡栗子。就在小和尚忙着捡栗子的时候，妖婆出现了。小和尚凭着老和尚送的三张护身符逃脱了，结果妖婆一路追到了寺庙。老和尚用法术把要吃掉小和尚的妖婆变得跟豆粒一样，然后一口吞了下去。

1 鬼(おに)ババに出会(であ)った小僧(こぞう)さん

06

むかしむかし、ある山(やま)の寺(てら)に、和尚(おしょう)さんと小僧(こぞう)さんが住(す)んでいました。

ある日(ひ)、小僧(こぞう)さんが、栗拾(くりひろ)いに行(い)きたいと言(い)い出(だ)しました。

「和尚(おしょう)さん、裏山(うらやま)へ栗拾(くりひろ)いに行(い)ってもいいですか？」

小僧(こぞう)さんが聞(き)くと、和尚(おしょう)さんは答(こた)えました。

「だめだ。栗(くり)なんか拾(ひろ)いに行(い)かなくてもいい。鬼(おに)ババが出(で)たらどうするつもりだ」

单词与句型

- **鬼(おに)ババ** 妖婆
- **出会(であ)う** 遇到
- **小僧(こぞう)** 小和尚
- **寺(てら)** 寺庙
- **和尚(おしょう)** 和尚
- **栗拾(くりひろ)い** 捡栗子
- **～に行(い)きたい** 想去……
- **～と** （说）道
- **言(い)い出(だ)す** 说出，提出
- **裏山(うらやま)** 后山
- **～なんか** ……之类的
- **～なくてもいい** 不……也行
- **～たら** ……的话
- **つもり** 打算

1　遇到妖婆的小和尚

很久很久以前，在一座山上的寺庙中，住着一位老和尚和一个小和尚。

有一天，小和尚说要出去捡栗子。

“师父，我可以去后山捡栗子吗？”

小和尚问道。老和尚回答：

“不行。不去捡什么栗子也不打紧。要是妖婆出来了，看你怎么办。”

「鬼（おに）ババなんかいませんよ。どこにそんなものがいるっていうんですか」

小僧（こぞう）さんが、どうしても行（い）きたいとだだをこねるので、仕方（しかた）なく和尚（おしょう）さんは三枚（さんまい）のお札（ふだ）を渡（わた）しました。

「困（こま）ったことがあったら、このお札（ふだ）を使（つか）いなさい。きっと、お前（まえ）を助（たす）けてくれるだろう」

そう言（い）って、小僧（こぞう）さんを送（おく）り出（だ）しました。

单词与句型

- **どうしても** 无论如何都
- **だだをこねる** 死乞白赖
- **仕方（しかた）なく** 无可奈何
- **～枚（まい）** ……张
- **お札（ふだ）** 护身符
- **渡（わた）す** 交给
- **困（こま）る** 为难，困难
- **使（つか）う** 使用
- **～なさい** 请……
- **きっと** 一定
- **助（たす）ける** 帮助
- **～だろう** 是……吧，也许……吧
- **送（おく）り出（だ）す** 送走

“根本就没有什么妖婆。哪里会有那种东西呢？”

小和尚无论如何都想去，在他死乞白赖的请求之下，老和尚无可奈何地交给他三张护身符。

“碰到困难的时候，就使用这些护身符，它们一定能帮上你的。”

说着，老和尚送小和尚出去了。

小僧さんが裏山に入ると、あるわあるわ、大きな栗がたくさん落ちています。小僧さんが夢中で栗を拾っていると、突然目の前に、鬼ババが現れました。

「うまそうな小僧だな。家に連れ帰って食ってやろう」

小僧さんは身がすくんでしまい、叫ぶことも、逃げ出すこともできません。

单词与句型

- 入る 进入
- あるわあるわ 到处都是
- 大きい 大的
- 落ちる 掉下来
- 夢中 忘我
- 拾う 捡
- 突然 突然
- ～の前に 在……前面
- 現れる 出现
- うまそうだ 看上去很好吃的样子
- 連れ帰る 带回去
- 食う 吃
- 身がすくむ 瑟缩不安
- ～てしまう ……完了
- 叫ぶ 叫喊
- 逃げ出す 逃跑
- ～こともできない 连……也做不到

小和尚进了后山，只见地上到处都是很大的栗子，多得不得了。小和尚忘我地捡了起来，突然，一个妖婆出现在他眼前。

“这个小和尚看上去很好吃啊。我带回家吃了他吧。”

小和尚吓得缩成一团，叫也叫不出声，逃也不敢逃。

2 お札の効き目

鬼ババは、いやがる小僧さんを無理やり自分の家へ連れていきました。

小僧さんが恐ろしさのあまり、小さくなっていると、鬼ババは大きな口をガバッと開けてキバをむきました。

（たっ、大変だ。このままでは食われてしまうぞ）

小僧さんはそう思うと、とっさに言いました。

「ウンチがしたい！」

单词与句型

- 効き目 作用，效果
- いやがる 不愿意，厌恶
- 無理やり 硬是，强迫
- 自分 自己
- 連れていく 带去
- 恐ろしさ 可怕，害怕
- ～のあまり 过于……
- 小さい 小的
- 口 口
- 開ける 开
- キバをむく 露出獠牙
- 大変だ 糟了，不好了
- このままでは 这么下去的话
- 食われる 被吃掉（「食う（吃）」的被动态）
- そう 那样
- 思う 想
- とっさに 猛地
- 言う 说
- ウンチ 大便

妖婆哪管小和尚不愿意，硬是把他带回了自己家。

小和尚因为太害怕了，缩成了一团。这时，妖婆张开血盆大口，露出了獠牙。

“不，不好了。这么下去的话就会被吃掉了。”

想到这里，小和尚突然间开口说道：

“我要大便！”

「なに、このガキ、ウンチだと？ うむ、あれは臭(くさ)くてまずいからな。仕方(しかた)ない、早(はや)く行(い)って出(だ)してこい」

鬼(おに)ババは、小僧(こぞう)さんの腰(こし)になわをつけて、便所(べんじょ)に行(い)かせてくれました。

中(なか)に入(はい)ると、小僧(こぞう)さんはさっそくなわを解(ほど)き、それを柱(はしら)に結(むす)びつけると、お札(ふだ)を張(は)り付(つ)けました。

「お札(ふだ)さん。おれの代(か)わりに、返事(へんじ)をしてくれ」

そう言(い)いつけると、窓(まど)から逃(に)げ出(だ)しました。

单词与句型

- **ガキ** 小鬼
- **臭(くさ)い** 臭
- **まずい** 难吃
- **仕方(しかた)ない** 无可奈何
- **早(はや)く** 赶快
- **出(だ)す** （由内向外）出去，取出
- **腰(こし)** 腰
- **なわ** 绳子
- **つける** 系上
- **便所(べんじょ)** 厕所
- **行(い)かせる** 让……去
- **さっそく** 立即
- **解(ほど)く** 解开
- **柱(はしら)** 柱子
- **結(むす)びつける** 系上，系牢
- **貼(は)り付(つ)ける** 贴上
- **代(か)わり** 代替
- **返事(へんじ)** 回复，答复
- **言(い)いつける** 吩咐
- **窓(まど)** 窗户

“什么，这个小鬼，你说是要大便？唔，那真是又臭又难吃。没办法，你快去拉吧！”

妖婆把绳子绑在小和尚的腰上，让他去了厕所。

进去后，小和尚立即解开绳子，把绳子系在柱子上，然后贴上一张护身符。

“护身符啊，请你代替我回答妖婆吧。”

吩咐好以后，小和尚就从窗户逃走了。

「小僧、ウンチはまだか？」

すると、お札が答えました。

「もう少し、もう少し」

しばらくして、鬼ババがまた聞きました。

「小僧、ウンチはまだか？」

「もう少し、もう少し」

またしばらくして、鬼ババが聞きましたが、同じことを繰り返します。

「もう少し、もう少し」

鬼ババは、

「もうガマンできん！ 早く出ろ！」

と、言って、便所の扉を開けてみると、中は空っぽです。

单词与句型

- **まだ** 还（没）
- **答える** 回答
- **もう少し** 还有一点，快了
- **しばらくして** 过了一会儿
- **また** 又，再
- **同じ** 同样，相同
- **繰り返す** 反复，重复
- **ガマン(我慢)** 忍耐
- **できん(=できない)** 做不到
- **出ろ** 滚出来（「出る（出来）」的命令形）
- **扉** 大门
- **空っぽ** 空空如也

“小和尚，大便还没好吗？”

于是，护身符回答道：

“快了，快了。”

过了一会儿，妖婆又问：

“小和尚，大便还没好吗？”

“快了，快了。”

又过了一会儿，妖婆再问，结果还是相同回答的重复。

“快了，快了。”

妖婆说：

“我已经不能忍受了！快点给我滚出来！”

说着，妖婆打开了厕所的大门，只见里面空空如也。

「あのガキに騙された。待て！」

鬼ババは大きな声で叫びながら、夜道を走る小僧さんを追いかけていきました。

それに気づいた小僧さんは、二枚目の札を取り出すと、

「大きい川になれ！」

と、言って、後ろに投げました。

すると、後ろに川が現れ、鬼ババは流されそうになりました。

けれど鬼ババは、ガブガブと川の水を全部飲み干すと、また、しつこく追いかけてきます。

单词与句型

- **騙される** 受骗，被骗
- **待て** 给我等着（「待つ（等）」的命令形）
- **叫ぶ** 叫喊
- **夜道** 夜路
- **走る** 跑
- **追いかける** 追赶
- **気づく** 注意到，发觉
- **取り出す** 取出，拿出
- **川** 河流
- **なれ** 给我变（「なる（变）」的命令形）
- **投げる** 扔出去
- **流される** 被冲走（「流す（冲走）」的被动态）
- **けれど** 不过
- **ガブガブ(と)** 咕嘟咕嘟
- **全部** 全部
- **飲み干す** 喝干
- **しつこい** 纠缠不休，紧追不舍

“被那个小鬼给骗了。给我等着！”

妖婆一边大声叫着，一边向在夜路上飞奔的小和尚追去。

小和尚发觉了，立即取出第二张护身符说：

“给我变成一条大河！”

说着把护身符向身后扔去。

于是，后面出现了一条河，妖婆差点儿被河水冲走。

可是，妖婆咕嘟咕嘟喝干了河水，又紧追不舍地赶了上来。

3 和尚さんの知恵

小僧さんは、三枚目の札を取り出すと、

「山火事になれ！」

と、言って、投げつけました。

すると、後ろで山火事が起きて、鬼ババの行く手を塞ぎましたが、鬼ババは、さっき飲んだ川の水を吐き出すと、またたく間に、山火事を消してしまいました。

鬼ババは、また追いかけてきます。

单词与句型

- **知恵**（ちえ） 智慧
- **山火事**（やまかじ） 山火
- **投げつける**（なげつける） 扔出去
- **起きる**（おきる） 发生
- **行く手**（ゆくて） 去路
- **塞ぐ**（ふさぐ） 堵住
- **さっき** 刚才
- **飲む**（のむ） 喝下，吞下
- **吐き出す**（はきだす） 吐出来
- **またたく間に**（またたくまに） 瞬间，眨眼间
- **消す**（けす） 消除

小和尚拿出了第三张护身符说：

“给我变成山火！”

说着扔了出去。

于是，后面起了山火，拦住了妖婆的去路，但是妖婆把刚才喝下去的河水吐了出来，眨眼间就扑灭了山火。

妖婆继续追了上来。

小僧さんは命からがらお寺にたどりつくと、和尚さんに助けを求めました。

「だから、やめておけと言っただろう。まあ、任せておけ」

和尚さんは小僧さんを後ろに隠すと、追いかけてきた鬼ババに言いました。

「鬼ババよ。わしの頼みを一つきいてくれたら、小僧をお前にやるが、どうだ？」

「いいだろう。何が望みだ」

单词与句型

- **命からがら** 险些丧命
- **たどりつく** 好不容易到达
- **助け** 帮助
- **求める** 请求，要求
- **だから** 因此
- **やめておけ** 别干了（「やめておく（不干了）」的命令形）
- **任せる** 托付，交给
- **隠す** 藏起来
- **わし** 我（老人语）
- **頼み** 请求
- **どうだ？** 怎么样？
- **望み** 希望，愿望

小和尚好不容易保住了性命，总算逃回了寺庙，他立即向老和尚请求帮助。

“你瞧，我不是叫你别去的吗？好吧，就交给我吧。”

老和尚把小和尚藏在后面，对追来的妖婆说：

“妖婆哟，如果你能听从我的一个请求，我就把小和尚交给你，怎么样？”

“行啊。你的愿望是什么？”

「聞くところによると、お前は、山のように大きくなることも、豆粒のように小さくなることもできるそうだな」

「ああ、そうだ」

「よし、では豆粒のように、小さくなってみてはくれんか」

「そりゃお安いご用だ」

鬼ババが体を小さくすると、豆粒のようになりました。

和尚さんはそのときすかさず、鬼ババをもちの中に押し込むと、一口でゴクンと食べてしまいました。

单词与句型

- **～ところによると** 根据……
- **～のように** 像……一样
- **豆粒** 豆粒
- **よし** 好的
- **では** 那么
- **くれんか(=くれないか)** 能不能请你……
- **そりゃ(=それは)** 这个嘛
- **お安いご用** 小菜一碟
- **体** 身体
- **すかさず** 立即
- **もち** 年糕
- **押し込む** 塞进去
- **一口** 一口
- **ゴクン** 咕嘟

“听说，你可以变得像山那么大，也能变得像豆粒那么小。”

“啊，是呀。”

“那好，那么能不能请你变得像豆粒一样小呢？”

“这个嘛，小菜一碟。”

妖婆把身体变小，果然变得像豆粒一样小了。

这时，老和尚立即把妖婆塞进年糕中，咕嘟一声，一口就吞了下去。

练习

阅读故事回答下列问题。

1）听了老和尚说后山有妖婆的话，小和尚是如何回答的？

2）小和尚去厕所后做了什么？

3）小和尚掏出第二张护身符后做了什么？

4）起山火后，妖怪做了什么？

5）妖婆的身子变得像豆粒一样小的时候，老和尚是怎么做的？

答案

1）小和尚回答说根本没有妖婆。

2）小和尚把护身符贴在柱子上，然后从窗户逃了出去。

3）小和尚喊着"给我变成一条大河"，把护身符扔到了身后。

4）妖婆把刚喝下去的河水吐出来浇灭了山火。

5）老和尚赶紧把妖婆塞进年糕，一口吞了下去。

新 外教社“走近经典”日语阅读系列

本系列是日语高端读物，挑选了夏目漱石、芥川龙之介、有岛武郎、樋口一叶等日本近代文学史中最具魅力与影响力的作家的代表作品，每一卷由导读、正文、注释、精彩片段日汉对照及生平大事年表组成，配有mp3录音。适合中高级日语水平的读者。

山月記・悟浄出世・名人伝・弟子・光と風と夢・李陵

中岛敦作品选
ISBN：978-7-5446-2090-1
定价：22.00

大つごもり·たけくらべ·ゆく雲·にごり江·十三夜·わかれ道

樋口一叶作品选
ISBN：978-7-5446-2026-0
定价：18.00

夢十夜・明暗（部分）

夏目漱石作品选
ISBN：978-7-5446-1871-7
定价：40.00

诗歌选・破戒

岛崎藤村作品选
ISBN：978-7-5446-1939-4
定价：33.00

芥川龙之介作品选
ISBN：978-7-5446-1726-0
定价：27.00

羅生門・地獄変・南京の基督・秋山図・一塊の土・玄鶴山房・河童・歯車

星座・生まれいずる悩み

夏目漱石作品选
ISBN：978-7-5446-1551-8
定价：27.00

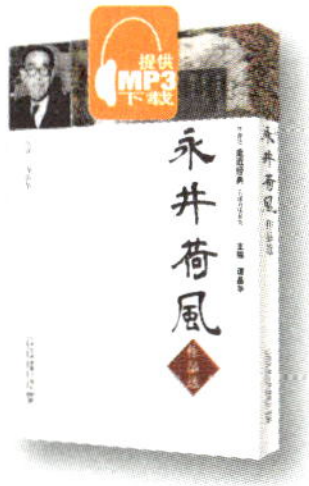

地獄の花・隅田川・濹東綺譚・雪解・二人妻

永井荷风作品选
ISBN：978-7-5446-2025-3
年内出版

新 日本民间趣味故事

日本民间故事的日汉对照读物。原书由韩国时事日本语社出版，为日韩对照，我们组织译者将韩语翻译成中文。选文简短精炼，适合初中级日语水平的读者。

- 日汉对照，便于理解。
- “单词与句型”指点当页生词。
- 日本声优为本书mp3录音献声，朗读富有感染力。

日本民间趣味故事（1）	978-7-5446-2579-1	年内出版

桃太郎・猫の恩返し・ねずみの嫁入り・花咲かじいさん・金太郎・おむすびコロリン

日本民间趣味故事（2）	978-7-5446-2580-7	年内出版

浦島太郎・人の嫁になったネコ・塩臼、一寸法師・うば捨て山・三枚のお札

日本纵横

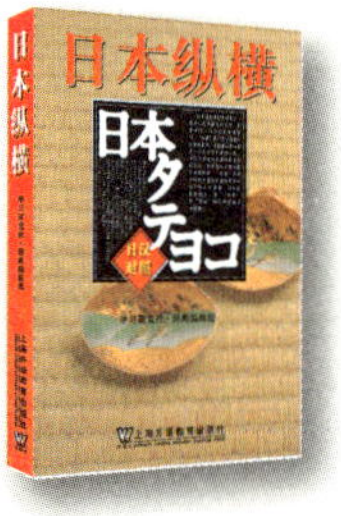

称得上是一部小型日本百科全书，日汉对照。无论是日本的政治、经济、文化、风俗，还是日本人的思维方式、行为模式，凡是与日本相关的信息几乎都包罗在这一册书中，帮助读者成为一个真正的“日本通”。

学习研究社辞典编辑部

ISBN：978-7-5446-0230-3
定价：19.00

日本文学简史

叶渭渠、唐月梅

ISBN：978-7-81095-820-2
定价：19.00

“外教社外国文学简史丛书”系列之一，普及性读物，用中文写成。面向对日本文学感兴趣的任何人。

本书把日本文学分成古代、近古代、近代和现当代四编，用极具亲和力的语言，介绍日本文学从古至今出现的各种文学体裁、代表作家及其作品，评论当代日本文学的走向。